马蒂亚斯·菲德勒

创新型房地产信息匹配理念：使房地产经纪更简单轻松

房地产信息匹配：通过创新型房地产信息匹配门户网站实现高效、简便、专业的房地产经纪

版本说明

印刷图书第 1 版|2017 年 2 月
（德语原版，2016 年 12 月）

© 2016 马蒂亚斯•菲德勒

马蒂亚斯•菲德勒
Erika-von-Brockdorff-Str. 19
41352 Korschenbroich
Deutschland

www.matthiasfiedler.net

制作和印刷：
请参阅背页的说明

封面设计：马蒂亚斯•菲德勒
电子书制作：马蒂亚斯•菲德勒

保留所有权利。
ISBN-13（平装书）：978-3-947082-06-3
ISBN-13（mobi 电子书）：978-3-947082-07-0
ISBN-13（epub 电子书）：978-3-947082-08-7

德国国家图书馆的书目信息：
德国国家图书馆已将本出版物列入国家书目中；关于详细的书目信息可以参考 http://dnb.d-nb.de。

内容说明

本书通过对巨大销售潜力（数十亿欧元）的估算阐述了全球性房地产信息匹配门户网站的革命性理念（App - 应用），该网站已集成到包括房产估值的房地产经纪人软件中（数万亿欧元的潜在销售值）。

这意味着最终可以实现住宅和商业房地产的自用或者出租，以及高效、省时的中介服务。对所有的房地产经纪人和房地产当事人而言，这是创新型专业房地产经纪业务的未来。

房地产信息匹配涉及几乎所有的联邦州，甚至整个世界。

不是将房地产信息 "送到" 买家或者承租人面前，而是通过房地产信息匹配门户网站，潜在购买者可以（查找相关资料）与房地产经纪人就待交易的房产进行沟通和磋商。

内容

前言

2011 年，经过深思熟虑，我制定了上述创新型房地产信息匹配理念。

从 1998 年至今，我一直从事房地产行业（例如：房地产经纪、采购和销售、评估、出租和地产开发）。我是房地产专家（IHK）、房地产硕士经济学家（ADI）、房地产评估专家（DEKRA）和国际公认的皇家特许测量师学会房地产协会（MRICS）的会员。

马蒂亚斯·菲德勒

科尔申布罗伊希，于 2016 年 10 月 31 日

www.matthiasfiedler.net

1. 创新型房地产信息匹配理念：使房地产经纪更简单轻松

房地产信息匹配：通过创新型房地产信息匹配门户网站实现高效、简便、专业的房地产经纪

不是将房地产信息"送到"买家或者承租人面前，而是通过房地产信息匹配门户网站（App － 应用），潜在购房者可以（查找相关资料）与房地产经纪人就待交易房产进行沟通、磋商。

2. 潜在购房者和房地产商的目标

从房地产卖家和出租人的角度来看，重要的是快速、尽可能高价地出售或者出租房地产。

从买家和潜在承租人的角度来看，重要的是找到并快速顺利地购买或者租赁适合要求的房地产。

3. 之前的房地产搜寻方法

通常，感兴趣者在网上较大的房地产网站寻找所需区域的房地产。输入一个简短的搜索信息后，这些网站可能会通过电子邮件，发送相应的房地产链接和列表。通常，搜索 2-3 个房地产网站后就会发生这种情况。然后，供应商会通过电子邮件沟通。这样供应商与感兴趣者建立了联系。

此外，感兴趣者还会与所需区域中的房地产经纪人单独联系，并且留下查找信息。

房地产门户网站的供应商，通常是私人和商业供应商。

大多数的商业供应商是房地产经纪人，部分是建筑公司、房地产商和其它的房地产公司（文中把商业供应商称为房地产经纪人）。

4. 私人供应商的缺点/房地产经纪人的优点

由于在房地产继承中，继承人之间未达成协议或者没有房地产继承证书，所以私人卖家不能始终保证立即出售房地产。此外，未解决的法律问题，例如：居住权也可能造成障碍。

在房地产租赁中，还可能会发生私人房东未得到政府部门许可的情况，例如：如果把商业房产（不动产）当作公寓出租。

如果供应商是房地产经纪人，通常就不存在上述问题。而且，他们还具备所有的相关房地产文件（规划图、平面图、能效证书、土地登记
证、官方文件等），因此可以顺利地出售或者出租而不会有什么麻烦。

5. 房地产信息匹配

为了快速、有效地对感兴趣者和卖方或房东进行匹配，应使用一种系统而专业的方法。

查找和搜索时通过相互衔接的方法或者流程来实现房地产经纪人和感兴趣者之间的沟通。也就是说，不是把房地产信息"送到"买家或者承租人面前，而是通过房地产信息匹配门户网站，对房地产感兴趣者可以（查找信息）与房地产经纪人就待交易的房产进行沟通、磋商。

首先，感兴趣者在房地产信息匹配门户网站中输入具体的查找信息。查找信息包括大约 20 个属性。下面列出了主要的查找信息的属性（没有完全列出）。

- 地区/邮政编码/地点

- 目标类型

- 地产面积

- 居住面积

- 购买/租赁价格

- 建造年份

- 楼层

- 房间数量

- 已出租（是/否）

- 地下室（有/否）

- 阳台/露台（有/否）

- 供暖类型

- 露天停车处（有/否）

重要的是，不是任意输入属性，而是通过点击或者打开相应的属性栏（例如：目标类型），从预设的项目/选项列表（例如，目标类型：住宅、单户住宅、贮存仓库、办公室…）中选择。

此外，感兴趣者可以输入其它的查找信息。也可以修改查找信息。

由感兴趣者在规定的栏目中，输入完整的联系资料。例如：姓名、街道、房间号、邮政编码、地点、电话和电子邮件。

此外，感兴趣者还应确认并且同意房地产经纪人主动联系，并且发送适合的房地产信息（简述）。

然后由感兴趣者与房地产信息匹配门户网站的经营者签订一份协议。

接下来可以通过编程接口（API-应用程序编程接口）（例如：德国的"openimmo"

编程接口）和查找信息，找到相关的房地产经纪人。这里应注意，编程接口（相当于执行密码）应支持实践中几乎所有的房地产经纪人软件，并且保证数据的传输。

现在，房地产经纪人可以对比列出的房地产和查找信息。房地产信息将录入到房地产信息配匹门户网站中，并且对比和链接相应的属性。

对比完成后，显示匹配率和相应的说明。例如：可以在房地产经纪人软件中看到匹配率大于 50% 的查找信息。
对各个属性进行加权计算（积分系统），这样可以在对比属性后得出匹配率（一致性的概率）。例如：属性"目标类型"的

权重大于属性"居住面积"。此外，可以选择房地产必须

拥有的规定属性（例如：地下室）。

比较匹配属性时应注意，只让房地产经纪人访问您所希望（预定）的区域。这样可以减少数据对比的费用。特别是当房地产经纪人经常负责某些区域时应如此。这里也应注意，现在已经可以通过"云"存储并且处理大量的数据。
为了保证专业的房地产经纪，只能由房地产经纪人接触输入的查找信息。

房地产经纪人与房地产信息匹配门户网站的运营者签订一份协议。

对比/匹配后，允许房地产经纪人与感兴趣者，或者感兴趣者与房地产经纪人沟通。这意味着，如果房地产经纪人向感兴趣者发送一则信息，则在出售或者出租时，将作为房地产经纪人的服务证明并且可以要求支付佣金。

其前提条件是，房地产经纪人受所有人（出售人或者出租人）的委托，介绍房地产信息或者同意提供房地产服务。

6. 应用范围

这里所述的房地产信息匹配适用于住宅和商业房地产领域的购买和租赁。如果是商业房地产，则需要其它相应的房地产属性。

如实践中经常遇到的情况，如果感兴趣者代表客户，则他也可以是房地产经纪人。

从空间上考虑，房地产信息匹配门户网站可以覆盖几乎所有的国家。

7. 优点

如果感兴趣者在其地区（居住地点）或者
更换工作至其它城市/地区需要查找房地产
信息时，这种房地产信息匹配将提供很大
优势。

只需要简单地输入一次查找信息，就可以
获得希望区域中房地产经纪人发送的适当
房地产信息。

对房地产经纪人来说，最大的优点是高
效、省时地出售或者出租。

房地产经纪人可以直接了解感兴趣者对其
提供的房地产的需求程度。此外，房地产
经纪人可

以对相关的目标群体（通过输入查找信息，说明对房地产的具体需要）直接作出反馈（例如：发送房地产信息）。

这样可以提高与查找信息的感兴趣者的沟通质量。减少后期的预约次数。– 因此可以降低房地产的总营销时间。

最后由感兴趣者现场考察房地产，（与以前一样）签署购买或者租赁协议。

8.计算实例（销售潜力）-只适用于自住的住宅和房屋（不包括出租的住宅和房屋以及商业房地产）

在下面的举例中，清晰地说明了房地产信息匹配门户网站的潜力。

根据统计，在 250,000 人口的区域中，例如：明兴格拉德巴赫市，有大约 125,000 户家庭（每个家庭 2 人）。平均搬迁率大约为 10%。也就是每年有 12,500 户家庭搬迁。– 这里不考虑搬入和搬出明兴格拉德巴赫市的差值。– 因此近 10,000 户家庭（80%）要查找出租的房地产，约 2,500 户家庭（20%）在查找出售的房地产。

根据明兴格拉德巴赫市专家委员会的地产市场报告，2012 年有 2,613 次房地产的购买交易。- 其中包括 2,500 个购买人。因为不是每个感兴趣者都找到了适合的房地产，实际上的数字应该更大。根据估算，实际感兴趣者或者查找信息的数量，为平均搬迁率（大约 10%）的两倍，即：25,000 次查找信息。其中包括感兴趣者在房地产匹配门户网站中多次输入的查找信息。

值得一提的是，根据经验大约有一半的感兴趣者（买方和承租人）通过房地产经纪人找到了房地产，总计大约 6,250 户家庭。

至少有 70%的家庭通过互联网中的房地产门户网站进行查找，总计有 8,750 户家庭（对应 17,500 次查找信息）。

如果在明兴格拉德巴赫市有 30%的感兴趣者（即：3,750 户家庭，对应 7,500 次查找信息）在房地产信息匹配门户网站（App - 应用）中输入了查找信息，则在线的房地产经纪人可以为潜在购买者（1,500 次具体的查找信息（20%））和潜在承租人（6,000 次详细的查找信息（80%））提供适合的房地产服务。

也就是说，在平均 10 个月的查找期内，如果每个人查找信息的费用为每月 50 欧元，则在人口为 250,000 的城市中，7,500 次查找信息

的潜在销售额为每年 3,750,000 欧元。

如果计算整个德国大约 80,000,000 个人口（8 千万），则潜在销售额为每年 1,200,000,000 欧元（12 亿欧元）。如果不是 30%，而是 40%的感兴趣者通过房地产信息匹配门户网站查找房地产，则潜在销售额将增加至每年 1,600,000,000 欧元（16 亿欧元）。

该潜在销售额只涉及自住住宅和房屋。住宅领域的房地产出租和投资以及整个商业房地产领域不包括在内。

在德国的房地产经纪领域中大约有 50,000 家公司（包括相关建筑公司、房地产商和其它房地产公司），从业人员近 200,000 名。这 50，000 家公司中的 20% 使用房地产信息匹配门户网站（平均 2 个许可证），每个许可证的费用为每月 300 欧元，每年的潜在销售额为 72,000,000 欧元（7200 万欧元）。此外，由于跨区域的查找信息需要，还可能有更大的销售潜力。房地产经纪人不再需要永久更新其数据库（如果有）中的大量相关人员和查找信息。因为当前最新的查找信息，远远多于大多数房地产经纪人数据库中的查找信息。

可以在多个国家使用这种创新型房地产信息匹配门户网站，例如，德国的潜在购买人可以输入并查找地中海马略卡岛（西班牙）上的度假公寓，马略卡岛上的在线房地产经纪人可以通过电子邮件，向德国的潜在购买人介绍适合的公寓。- 如果发送的信息是西班牙语，则现在也可以通过翻译软件，在很短的时间内把文字翻译为德语。

为了能匹配查找信息，实现跨语言的房地产介绍，可以在房地产信息匹配门户网站中，根据可编程的属性（数学），对比相应的属性（不
依赖于语言），然后归类为相应的语言。

如果在世界范围内使用房地产信息匹配门户网站，则可以通过简单的计算得出上面所述的潜在销售额（只针对在查找的感兴者），如下所示。

世界人口：

7,500,000,000（75 亿）人口

1. 发达国家和主要工业化国家的人口：

2,000,000,000（20 亿）人口

2. 新兴国家的人口：

4,000,000,000（40 亿）人口

3. 发展中国家的人口：

1,500,000,000（15 亿）人口

根据德国 8000 万人口每年的潜在销售额 12 亿欧元和以下系数，换算得出发达国家、新兴国家和发展中国家的潜在销售额。

1. 发达国家：　　　　　　　　1.0

2. 新兴国家：　　　　　　　　0.4

3. 发展中国家：　　　　　　　0.1

得出以下每年的潜在销售额（12 亿欧元 x 人口（发达国家、新兴国家和发展中国家）/8000 万人口 x 系数）

1. 发达国家： 300.0 亿欧元

2. 新兴国家： 240.0 亿欧元

3. 发展中国家： 22.5 亿欧元

总计： **562.5 亿欧元**

9. 总结

本书所述的房地产信息匹配门户网站，给房地产查找人（感兴趣者）和房地产经纪人带来明显的优势。

1. 因为感兴趣者只需要输入一次查找信息，所以大大节省了寻找适合房地产的时间。

2. 房地产经纪人可全面了解感兴趣者的具体需求（通过查找信息）。

3. 感兴趣者可从所有房地产经纪人介绍中只获取所希望或者适合的房地产信息（根据查找信息）（自动预选）。

4. 因为始终可以使用大量最新的查找信息，所以房地产经纪人减少了查找信息个人数据库的维护成本。

5. 因为该房地产信息匹配网站将商业供应商/房地产经纪人联系在一起，所以感兴趣者可以与专业和有经验的房地产经纪人进行合作。

6. 房地产经纪人减少了预约次数和总营销时间。此外，感兴趣者也减少了预约次数，以及完成签署购买或者租赁协议的时间。

7. 出售和出租房地产的业主也节省了时间。此外，通过快速出租和出售，也可以实现较少的房地产租赁空置率和较早地支付房地产购房款，具有一定的经济优势。

通过实现和实施房地产信息匹配理念，房地产经纪业将得到显著促进。

10. 房地产信息匹配门户网站和新型房地产经纪人软件（包括房地产评估）的结合

最后，这里所述的房地产信息匹配门户网站，是新型房地产经纪人软件（计划在世界范围内使用）的重要部分。也就是说，房地产经纪人既可以使用房地产匹配门户网站和房地产经纪人软件，也可以使用包括房地产匹配门户网站的新型房地产经纪人软件。

通过将高效、创新型房地产信息匹配门户网站集成到独特的房地产经纪人软件之中，可以为该款房地产经纪人软件创造新卖点，这对市场渗透至关重要。

因为在房地产经纪业务中，房地产评估始终是重要的组成部分，所以必须在房地产经纪人软件里集成一个房地产评估工具。可以根据房地产经纪人输入/设置的房地产相关链接数据/参数，通过相应的计算方法实现房地产的评估。同样，如有必要，房地产经纪人也可以按照自己的区域市场经验，补充缺少的参数。

此外，在房地产经纪人软件中，还应集成房地产可视化浏览功能。举例来说，可以根据移动电话和/或者输入板，研发一种App（应用），把拍摄的房地产可视化图片自动集成或者整合到房地产经纪人软件中。

如果将高效、创新型房地产匹配门户网站与新型房地产经纪人软件结合在一起，将明显提高潜在销售额。

马蒂亚斯·菲德勒

科尔申布罗伊希

于 2016 年 10 月 31 日

马蒂亚斯·菲德勒

Erika-von-Brockdorff-Str. 19

41352 Korschenbroich

Deutschland

www.matthiasfiedler.net